Annika Sieghart

Usability von Web-Anwendungen

Richtlinien und Evaluation

GRIN - Verlag für akademische Texte

Der GRIN Verlag mit Sitz in München hat sich seit der Gründung im Jahr 1998 auf die Veröffentlichung akademischer Texte spezialisiert.

Die Verlagswebseite www.grin.com ist für Studenten, Hochschullehrer und andere Akademiker die ideale Plattform, ihre Fachtexte, Studienarbeiten, Abschlussarbeiten oder Dissertationen einem breiten Publikum zu präsentieren.

Dokument Nr. V117083 aus dem GRIN Verlagsprogramm

Annika Sieghart

Usability von Web-Anwendungen

Richtlinien und Evaluation

GRIN Verlag

Bibliografische Information der Deutschen Nationalbibliothek: Die Deutsche Bibliothek
verzeichnet diese Publikation in der Deutschen Nationalbibliografie; detaillierte bibliografische Daten sind im Internet über http://dnb.d-nb.de/ abrufbar.

1. Auflage 2008
Copyright © 2008 GRIN Verlag
http://www.grin.com/
Druck und Bindung: Books on Demand GmbH, Norderstedt Germany
ISBN 978-3-640-19472-8

FOM

Fachhochschule für Oekonomie und Management

Neuss

Hausarbeit

Usability von Web-Anwendungen

Richtlinien und Evaluation

Von: Annika Sieghart

Inhaltsverzeichnis

Abkürzungsverzeichnis

DIN	Deutsche Industrie Norm
E-Commerce	Electronic Commerce
EN	Europa Norm
HTML	Hypertext Markup Language
ISC	Internet Systems Consortium
ISO	International Organization for Standardization
JSP	Java Server Pages

Abbildungsverzeichnis

1 Einleitung

Die Verbreitung von Web-Anwendungen ist in den vergangenen Jahren immens ange-
stiegen. Laut dem ISC (Internet Systems Consortium) waren im Januar 2008 auf den
Domain Name Servern mehr als 540 Millionen Domain-Namen registriert.[1] Allein
über 12 Millionen .de Domains konnten zu diesem Zeitpunkt verzeichnet werden.[2]

Diese Vielzahl an Websites begründen eine ausgeprägte Konkurrenzsituation. Bei einer schlechten Usability ist die Web-Anwendung des Wettbewerbers nur einen Klick
entfernt. Dagegen kann durch eine auf den Kunden und seine Bedürfnisse ausgerich-
tete Web-Anwendung eine langfristige Kundenbindung, auch im World Wide Web,
erreicht werden. Diese treuen Kunden sind das entscheidende Kriterium für den
Erfolg einer Website. Jedoch sind immer wieder Websites mit schlecht nachvollziehbaren Strukturen und missverständlichen Navigationselementen zu finden. Forrester
Research hat in einer Umfrage herausgefunden, dass vier Kriterien einen Benutzer
langfristig an eine Seite binden:

- Qualitativ hochwertiger Inhalt

- Häufige Aktualisierung

- Minimale Downloadzeit

- Einfache Handhabung[3]

Bis auf den Gesichtspunkt der häufigen Aktualisierung können diese grundlegenden
Kriterien durch Usability-Engineering, also das frühzeitige Einbinden der Usability in den Entwicklungsprozess, erreicht werden. An dieser Stelle können einerseits
grundsätzliche Aspekte der Gebrauchstauglichkeit einbezogen werden, andererseits
stellen Evaluationsmethoden die entscheidenden Instrumente dar, um Usability für
den Endanwender sicherzustellen.

Diese Hausarbeit soll einen Überblick über die Richtlinien der Usability für Web-
Anwendungen geben, die Evaluation der Gebrauchstauglichkeit anhand von benutzerorientierten und expertenzentrierten Methoden erläutern und Auswirkungen einer schlechten Usability diskutieren.

---

[1] Vgl. ISC (2008), passim[ ].
[2] Vgl. Denic (2008), passim[ ].
[3] Vgl. Forrester Research (1999), passim[ ].

2 Grundlagen

2.1 Definition Web-Anwendung

Web-Anwendungen sind Softwaresysteme, die auf den Standards und Technologien des World Wide Web beruhen. Sie stellen spezielle Ressourcen zur Verfügung, die über den Browser als Benutzerschnittstelle verwendet werden können.[4] Eine Web-Anwendung zeichnet sich durch folgende Eigenschaften aus:

- Keine dauerhafte Verbindung zwischen Webclient und Webserver

- Unbegrenzte und unbekannte Anzahl paralleler Nutzer

- Keinerlei Einfluss der Entwickler auf die Laufzeitumgebung des Webclients

Hierdurch ergeben sich zahlreiche Vorteile. Web-Anwendungen erlauben eine hohe Anzahl paralleler Nutzer. Außerdem entfällt das aufwändige Installieren lokaler Software.[5] Dies erleichtert die Wartbarkeit, da Anpassungen der Anwendungen lediglich auf dem zentralen Applikationsserver stattfinden.[6] Web-Anwendungen sind unabhängig von der verwendeten lokalen Hardware und bieten für alle Benutzer einheitliche Oberflächen.[7] Nachteile sind eine schwierige Kontrolle und Beobachtung des Systems sowie die aufwändige Unterstützung der unterschiedlichen Web-Browser.[8]

2.2 Architektur von Web-Anwendungen

Die Realisation von Web-Anwendungen setzt Applikationen voraus, denen eine Mehrschicht-Architektur zugrunde liegt. Die 4-Schichten Architektur (siehe Abbildung 1) teilt die Anwendungsschicht der klassischen 3-Schichten-Architektur in Präsentations- und Geschäftslogik auf. Diese Erweiterung ist bei Web-Anwendungen mit komplexen Abläufen und einer hohen Anzahl paralleler Client-Zugriffe notwendig.[9] Jeder architektonischen Ebene können eindeutige Aufgabengebiete zuge-

---

[4] Vgl. Kappel et al. (2003), S. 2[ ].
[5] Vgl. Kulp (2005), S. 22[ ].
[6] Vgl. Tchoukio (2004), S. 2[ ].
[7] Vgl. Heindl (2003), S. 11[ ].
[8] Vgl. Kulp (2005), S. 22[ ].
[9] Vgl. Kappel et al. (2003), S. 87 f[ ].

wiesen werden. Außerdem sind in jeder Schicht spezifische Technologien, bezogen auf das Aufgabengebiet, einsetzbar. Jedoch ist zu beachten, dass die eingesetzte Technologie zu den jeweiligen Technologien der anderen Ebenen kompatibel ist.[10] Die Hauptkomponenten dieser Architektur teilen sich wie folgt auf: Die erste Ebene ist die Visualisierungsschicht, hier wird durch den Browser die Benutzeroberfläche dargestellt. Der Webclient nimmt Eingaben des Benutzers entgegen und reicht diese an die nächste Schicht weiter. Außerdem nimmt der Webclient wiederrum die Ergebnisse an und stellt diese im Browser dar. Die zweite Ebene ist die Präsentationsschicht. Hier werden Daten, die von der Visualisierungsschicht an diese Ebene geschickt werden analysiert und ausgewertet. In diesem Zusammenhang wird die betreffende Logik der dritten Ebene angesprochen. Nach Abschluss der Auswertung werden die Daten an die Visualisierungsschicht zurückgegeben. Die dritte Ebene ist die Geschäftslogikschicht, in der die Anwendungslogik implementiert ist. Die notwendigen Daten werden von der vierten Schicht bezogen. Diese vierte Ebene ist die Datenbankschicht. Der Datenbankserver verwaltet Daten, die in der Anwendungslogik benötigt oder in dieser erzeugt werden.[11]

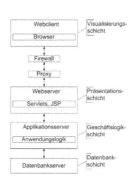

In Anlehnung an Langner (2004), S. 22[ ].

Abbildung 1: 4-Schichten Architektur

2.3 Definition Usability

Das Wort Usability setzt sich aus den Wörtern „to use" und „the ability" zusammen. Wörtlich übersetzt bedeutet Usability also die Möglichkeit zu benutzen. Eine eindeutige Übersetzung von Usability gibt es nicht, jedoch hat sich der Begriff „Gebrauchstauglichkeit" als deutsches Synonym durchgesetzt.[12]

Die international anerkannte Begriffsdefintion ist die DIN EN ISO 9241-11 „Anforderung an die Gebrauchstauglichkeit": Usability ist „das Ausmaß, in dem ein Produkt

---

[10] Vgl. Langner (2004), S. 21[ ].
[11] Vgl. Langner & Reiberg (2005), S. 5 f[ ].
[12] Vgl. Rampl (2007b), passim[ ].

durch bestimmte Benutzer in einem bestimmten Nutzungskontext genutzt werden kann, um bestimmte Ziele effektiv, effizient und zufriedenstellend zu erreichen".[13]

Diese Gebrauchstauglichkeit kann mit Hilfe von Methoden und Werkzeugen überprüft werden.[14]

2.4 Notwendigkeit

Insbesondere im E-Commerce ist die Bedeutung von Usability elementar. Die erste Verbindung zum Kunden geschieht ausschließlich über die Website. Im Gegensatz zum traditionellen Handel, bei dem die Funktionalität eines Produktes erst nach dem Kauf überprüft werden kann, erlebt der Benutzer die Usability des Produktes Website bereits unmittelbar während des Arbeitens und entscheidet über eine weitere Benutzung. Weiterhin ist die Vergleichbarkeit zu anderen Wettbewerbern im Internet besonders ausgeprägt. Diese Vergleiche können nicht nur in Unternehmen gleicher Branchen gezogen werden, sondern zu allen vorhandenen Websites im Internet. Außerdem weisen Nutzer ein hohes Maß an Ungeduld auf. So muss eine Bedienbarkeit sichergestellt werden, die dem Benutzer in kürzester Zeit den uneingeschränkten Umgang mit der Seite erlaubt. Ist dies nicht der Fall, verlässt der Benutzer mit hoher Wahrscheinlichkeit die Seite.[15]

Eine Verbesserung der Usability hat folgende Optimierungen zur Folge:

- Steigerung des Umsatzes

- Senkung der Kosten

- Erhöhung der Kundenbindung

- Anstieg der Wettbewerbsvorteile gegenüber Konkurrenten[16]

Diese Aspekte führen dazu, dass Usability einen hohen Stellenwert im Umfeld des Web-Designs einnimmt.

---

[13] Vgl. Bartel (2005), S. 6[ ].
[14] Vgl. Geis (2005), passim[ ].
[15] Vgl. Nielsen (2001), S. 10 ff[ ].
[16] Vgl. Rampl (2007a), passim[ ].

3 Richtlinien Web-Usability

Es existieren zahlreiche Vorgaben, um Usability sicherzustellen. Im Folgenden werden die wichtigsten Komponenten vorgestellt.

3.1 Seitengestaltung

Der Aufbau des Seiteninhalts ist ein wesentlicher Bestandteil der Usability. Die Architektur soll den Interessen der Benutzer entsprechen und die Durchführung typischer Aufgaben unterstützen.[17]

3.1.1 Struktur

Zunächst sind grundsätzliche Richtlinien in Bezug auf den Bildlauf zu beachten. Horizontale Bildläufe sollten generell umgangen werden. Beim, kaum zu vermeidenden, vertikalen Bildlauf sollten Interaktionselemente weiterhin sichtbar bleiben.[18] Ebenso stellt das Vorhandensein einer grundsätzlichen Struktur eine elementare Notwendigkeit dar. Darüber hinaus sollte diese Struktur eine geeignete Informationsdarstellung visualisieren und die Erwartungen des Benutzers abbilden.[19]

3.1.1.1 Hierarchien

Hierarchische Strukturen sind insbesondere zur Darstellung komplexer Inhalte geeignet. Benutzer sind mit solchen Strukturen vertraut und finden sich gut zurecht.[20] Die meisten Websites weisen hierarchische Strukturen auf.

3.1.1.2 Lineare Sequenzen

Lineare Informationsstrukturen sind oft Zeichen einer schlechten Usability, da versucht wird, die nicht lineare Struktur des Internets linear abzubilden.[21] Sinnvoll kann diese Struktur nur bei Sachverhalten eingesetzt werden, die tatsächlich einem linearen Muster folgen, so zum Beispiel bei Bestellvorgängen.[22]

---

[17] Vgl. Bartel (2005), S. 17[ ].
[18] Vgl. Kappel et al. (2003), S. 276[ ].
[19] Vgl. Nielsen (2001), S. 198[ ].
[20] Vgl. Bartel (2005), S. 18[ ].
[21] Vgl. Nielsen (2001), S. 198[ ].
[22] Vgl. Bartel (2005), S. 16[ ].

3.1.1.3 Gitter

Gitterstrukturen werden eingesetzt, um abhängige Elemente zueinander in Beziehung zu setzen. Voraussetzung für diese Art der Darstellung ist eine einheitliche Struktur. Gitterstrukturen sind vorwiegend für Benutzer geeignet, die bereits eine Grundkenntnis der Logik und Ordnung sowie des Themas mitbringen. Ein Beispiel für Gitterstrukturen ist eine Zeitreihe auf der einen, und entsprechende historische Informationen auf der anderen Seite.

In Anlehnung an Bartel (2005), S. 17[ ].

Abbildung 2: Gitterstruktur

3.1.1.4 Netze

Netze versuchen gedankliche Strukturen abzubilden. Dadurch entsteht ein überaus komplexes System. Das Suchen auf solchen vernetzten Seiten gestaltet sich äußerst schwierig, da der Aufbau keiner nachvollziehbaren Logik folgt. So ist das Auffinden von Informationen kaum möglich, was zielgerichtete Benutzer verwirrt.[23]

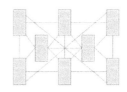

In Anlehnung an Bartel (2005), S. 17[ ].

Abbildung 3: Netzstruktur

3.1.2 Navigation

Die Navigation innerhalb einer Website stellt einen zentralen Aspekt der Usability dar. Unter Navigation ist jede mögliche Bewegung durch eine Website zu verstehen. Hierzu zählt neben dem oft linksseitig ausgerichteten Navigationsmenü auch jeder Link der sich auf der Website befindet.[24] Eine Desorientierung des Benutzers kann den ausschlaggebenden Punkt zum Misserfolg der Website darstellen und muss so unter allen Umständen vermieden werden. Daher ist es notwendig, dem Benutzer zu einem möglichst frühen Zeitpunkt eine Vorstellung von der Navigationsstruktur zu vermitteln. Diese Struktur sollte sich an bekannten Systemen orientieren, damit ein schnelles Zurechtfinden des Benutzers sichergestellt werden kann.[25]

---

[23] Vgl. Bartel (2005), S. 18 f[ ].
[24] Vgl. Manhartsberger & Musil (2002), S. 134[ ].
[25] Vgl. Kappel et al. (2003), S. 277[ ].

Zentrale Aspekte in der Navigation sind die Identifizierung der aktuellen Postition, des bisherigen Verlaufs sowie der weiteren Interaktionsmöglichkeiten. Der aktuelle Standort ist durch das Hervorheben des derzeitig aktiven Navigationselementes darzustellen. Aussagekräftige Überschriften erleichtern darüber hinaus das Zurechtfinden in der Navigation. Zur Identifizierung, welche Seiten vom Benutzer bereits besucht worden sind können Navigationsmechanismen des Internetbrowsers verwendet werden. Einerseits können die Benutzer über „Vor-" und „Zurück-Buttons" navigieren, andererseits werden bereits besuchte Hyperlinks in einer anderen Farbe dargestellt. Die Farben der Standardeinstellung sollten nicht verändert werden, da diese der Orientierung dienen. Die Bedeutung der Orientierungshilfe wird durch den standardisierten Einsatz im gesamten Web erhöht. Die Darstellung der Navigationselemente und weiterführenden Links dient dazu, anschließende Interaktionsmöglichkeiten zu identifizieren. An dieser Stelle sollten ebenfalls die Standards, welche die Darstellung von Hyperlinks blau und unterstrichen beinhalten, eingehalten werden. Dies impliziert, dass Texte, die keine Links enthalten, nicht in gleicher Weise dargestellt werden.[26] Sitemaps stellen die gesamte Struktur der Website auf einer Seite dar, um so eine geeignete Übersicht abzubilden. Veränderungen auf der Website sollten immer auch eine Anpassung der Sitemap nach sich ziehen, um Aktualität und Fehlerfreiheit zu gewährleisten. Weiterhin ist zu beachten, dass eine Sitemap keinen Ersatz für eine übersichtliche und strukturierte Navigation darstellt.[27]

3.1.3 Stylesheets

Durch die Verwendung von Stylesheets, also Formatvorlagen, kann ein einheitlicher Stil sichergestellt werden. In diesem Kontext müssen einige Aspekte beachtet werden. Der Entwurf des Stylesheets ist von einem zentralen Gestaltungsteam zu entwickeln. Dieses besitzt das notwendige Wissen, um alle Besonderheiten der Stylesheet-Entwicklung zu bedenken. Ein weiterer Gesichtspunkt ist das Auslagern des Stylesheets in eine separate Datei. Diese verknüpften Stylesheets bieten Performancevorteile im Gegensatz zu den in jedem HTML-Dokument eingebetteten Stylesheets, da das Laden der Datei nur einmal für sämtliche Seiten erfolgt. Weiterhin sind divergente Voraussetzungen beim Benutzer, wie Browser und Bildschirmauflösung,

---

[26] Vgl. Nielsen (2001), S. 188 ff[ ].
[27] Vgl. Manhartsberger & Musil (2002), S. 137[ ].

zu beachten. Aus diesem Grund sollte überprüft werden, ob die Darstellung der Website auch ohne die Verwendung von Stylesheets vertretbar ist. Darüber hinaus sollten nicht mehr als zwei Schriftarten, jeweils mit alternativen Angaben, verwendet werden. Größen sind relativ zur Basisschriftgröße anzugeben, um ein einheitliches Aussehen sicherzustellen.

3.1.4 Bildschirmfläche

Zunächst sind die verschiedenen Bereiche einer Website für Navigation, Inhalt und andere Elemente festzulegen. Der Bereich zur Darstellung des Inhalts sollte im Idealfall 80, jedoch mindestens 50 Prozent betragen.[28] Außerdem lässt sich der Bildschirmplatz in die Kategorien „wertvoll" und „weniger wertvoll" aufteilen. So bewegt sich das Auge des Benutzers in einer Z-Kurve über den Bildschirm, woduch die Informationsaufnahme je nach Platzierung der Inhalte variiert (siehe Abbildung 4). Dieses Wissen kann bei der Entwicklung der Websites genutzt werden, um eine bessere Informationsaufnahme beim Benutzer sicherzustellen.[29]

In Anlehnung an Manhartsberger & Musil (2002), S. 167[ ].

Abbildung 4: Kategorisierung der Bildschirmfläche

3.1.5 Antwortzeiten

Ladezeiten von Websites sind eine der wichtigsten Usability Faktoren. Antwortzeiten von einer Zehntelsekunde werden vom Benutzer als unmittelbare Reaktion des Systems betrachtet. Bei einer Zeitspanne von einer Sekunde empfindet der Benutzer keine Unterbrechung seiner Gedankengänge. Ab einem Zeitraum von mehr als 10 Sekunden richtet sich die Aufmerksamkeit des Benutzers nicht mehr auf den Dialog. Generell sollten Antwortzeiten so gering wie möglich gehalten werden. Dies kann unter anderem durch den sparsamen Einsatz von Grafiken erreicht werden. Verwendete Grafiken sollten eine geringe Auflösung und Farbtiefe aufweisen. Ein weiterer Aspekt ist die minimale Variabilität der Antwortzeiten. Für Benutzer ist das Wissen über das Verhalten der Anwendung in Bezug auf die Antwortzeiten bedeutend.

---

[28] Vgl. Nielsen (2001), S. 81 ff[ ].
[29] Vgl. Manhartsberger & Musil (2002), S. 166 ff[ ].

So ist ein Nutzer eher bereit, höhere Ladezeiten zu akzeptieren, wenn er über die Kenntnis verfügt, dass das Laden dieser Seite immer eine gewisse, vorhersehbare Zeitspanne in Anspruch nimmt.[30]

3.2 Inhaltsgestaltung

Neben der Seitengestaltung kann auch die Inhaltsgestaltung die Usability fördern.

3.2.1 Lesbarkeit

Websites werden von den meisten Benutzern lediglich überflogen. Dieser Aspekt ist bei der Textgestaltung zu berücksichtigen. Zunächst sind grundsätzliche Kriterien in Bezug auf die Darstellung des Textes zu beachten. So sind starke Kontraste zwischen Text und Hintergrund einzusetzen, im Idealfall schwarze Schrift auf weißem Hintergrund. Hintergrundgrafiken sind, sofern sie nicht äußerst dezent gehalten sind, zu vermeiden. Die Größe des Textes ist so zu wählen, dass auch Benutzer mit einer leichten Sehbehinderung diesen problemlos lesen können. Außerdem sollte der Text linksbündig ausgerichtet und nicht animiert sein. Des Weiteren sind einige Punkte in Bezug auf den Schreibstil zu beachten. Die geschriebenen Texte sind möglichst kurz zu halten und durch sinnvolle Überschriften und Aufzählungspunkte zu unterteilen. Der Aufbau des Inhalts sollte nach dem umgekehrten Pyramidenprinzip erfolgen, welches beinhaltet, dass auf die Überschrift eine Zusammenfassung folgt und erst im Anschluss hierauf die Details. Dadurch wird dem Benutzer ein unmittelbarer Überblick verschafft.[31]

3.2.2 Animation

Das Verwenden von Animationen ist grundsätzlich zu vermeiden. Ist eine Animation auf der Website vorhanden, wird die Aufmerksamkeit des Benutzers automatisch auf dieses bewegte Element gelenkt. Zwar gewöhnt sich der Benutzer mit der Zeit an die Animation, jedoch wird es ihm nicht gelingen, seine volle Aufmerksamkeit auf den eigentlichen Inhalt zu lenken. Außerdem werden animierte Texte vom Benutzer kaum

---

[30] Vgl. Nielsen (2001), S. 42 ff[ ].
[31] Vgl. ebd., S. 100 ff[ ].

wahrgenommen. Daher sollte nicht der Fehler begangen werden, wichtige Texte mit Hilfe einer Animation darzustellen.

Es gibt jedoch auch Situationen, in denen der Einsatz von Animationen sinnvoll ist. Dies ist der Fall, wenn durch Animationen Sachverhalte leichter verständlich gemacht werden können, so zum Beispiel menschliche Bewegungen. Auch auf Websites für Kinder ist der Einsatz von Animationen vorteilhaft, da diese die Aufmerksamkeit und Aufenthaltsdauer erhöhen. Animationen sollten ein- und ausschaltbar sein sowie einen regelmäßigen, verfolgbaren und glatten Bewegungsablauf abbilden.[32]

3.2.3 Seitentitel

Die Wahl eines aussagekräftigen Seitentitels ist äußerst wichtig. Denn dieser wird unter anderem bei Suchmaschinen und Favoriten angezeigt und ist ausschlaggebend für die Entscheidung der Benutzer, die Website zu besuchen. Um den Kern des Inhalts wiederzugeben sind zwei bis sechs Wörter zu verwenden. Weiterhin sollte jede einzelne Seite über einen eigenen Titel verfügen. Ist dies nicht der Fall, entsteht schnell Unmut beim Benutzer, wenn eine Navigation auf bereits besuchte Seiten erfolgen soll.[33]

4 Evaluation Web-Usability

Um die Usability einer Website zu überprüfen, sind betriebsfremde Personen notwendig. Projektbeteiligte sind hierzu nicht geeignet, da sie nicht im Stande sind, sich in den Zustand eines Projektaußenstehenden zu versetzen. Außerdem entsprechen sie meist nicht der geforderten Zielgruppe. Auch Personen, welche die zu bewertende Website bereits kennen, würden das Ergebnis verfälschen. So ergibt sich die Notwendigkeit, entweder Tests mit den zu erwartenden Endbenutzern durchzuführen, so genannten nutzerorientierten Methoden, oder (gegebenenfalls zusätzlich) Usability-Experten in den Entwicklungsprozess einzubinden. Diese Tests werden als expertenzentrierte Methoden bezeichnet. Die Ziele der Usability-Tests sind in erster Linie die Aufdeckung von Usability-Problemen sowie das Finden von Lösungsansätzen.[34]

---

[32] Vgl. Manhartsberger & Musil (2002), S. 186 ff[ ].
[33] Vgl. Nielsen (2001), S. 123[ ].
[34] Vgl. Manhartsberger & Musil (2002), S. 318[ ].

4.1 Nutzerorientierte Methoden

Der Einsatz der potentiellen zukünftigen Anwender stellt den zentralen Bestandteil der nutzerorientierten Methoden dar.

4.1.1 Klassisches Usability-Testing

Das klassische Usability-Testing besteht aus der Beobachtung des Nutzungsverhaltens sowie aus Interviews mit den Testpersonen. Dieser Test ermöglicht qualitativ hochwertige, umfassende und weitreichende Ergebnisse.

4.1.1.1 Usability-Labor

Ein Usability-Labor ist eine Umgebung, die optimal auf die Durchführung von Usability-Tests ausgerichtet ist und darüber hinaus das Wohlbefinden der Testpersonen unterstützt. Diese Umgebung kann, je nach Kontext und finanziellen sowie technischen Möglichkeiten, stark variieren. Abbildung 5 zeigt einen möglichen Aufbau eines Usability-Labors. In diesem Fall stehen für das Usability-Testing ein gesonderter Test- und Beobachtungsraum zur Verfügung. Im Testraum befinden sich Testperson und Interviewer. Zur visuellen Dokumentation dienen zwei Kameras,

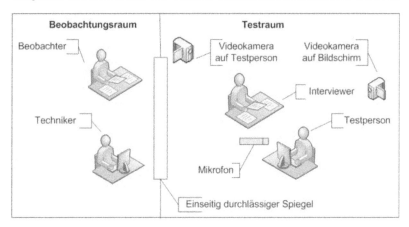

In Anlehnung an Harms et al. (o.J.a), passim[ ].

Abbildung 5: Usability-Labor

eine auf den Monitor der Testperson, die andere auf die Testperson selbst gerichtet. Mit einem Mikrofon werden die Aussagen der Testperson aufgezeichnet. Im Beobachtungsraum sitzt neben einem Techniker, der das Zusammenfügen der Videokamerabilder übernimmt, auch ein Beobachter, der, zusätzlich zum Interviewer, relevante Ereignisse protokolliert. Der Beobachtungsraum ist durch einen einseitig durchlässigen Spiegel vom Testraum getrennt.[35]

4.1.1.2 Testpersonen

Da die Testperson den zentralen Aspekt beim Usability-Testing darstellt, ist es von elementarer Bedeutung, die richtigen externen Testpersonen auszuwählen. Um dies zu gewährleisten ist es notwendig, die gewünschte Zielgruppe zu ermitteln und festzulegen. Hierzu ist die erforderliche Qualifikation detailliert zu definieren. Die ideale Zielgruppe ist jene, für die die gestellten Aufgaben durchaus real sind.[36] Die richtige Zielgruppe ist die entscheidende Voraussetzung, um aussagekräftige und verwertbare Ergebnisse zu erlangen. Bei umfangreichen Tests können mehrere Testdurchläufe mit weiteren Zielgruppen, zum Beispiel potentiellen zukünftigen Nutzern, neben der Kernzielgruppe durchgeführt werden.[37]

Um eine geeignete Anzahl Testpersonen zu ermitteln existieren lediglich Richtwerte. Die sinnvolle Anzahl hängt im Wesentlichen von der Zielsetzung des Usability-Tests ab. Um die signifikanten Probleme aufzudecken reicht bereits eine Gruppe von 6 und 8 Testpersonen. Für umfangreiche Usability-Tests liegt die übliche Größenordnung zwischen 12 und 16 Testpersonen. Eine höhere Anzahl verändert nur noch geringfügig die Menge der aufgedeckten Fehler.[38]

Der Test stellt für die Testpersonen eine Stresssituation dar. Oftmals ist es Testpersonen peinlich, eine Aufgabenstellung nicht lösen zu können. Dies ändern auch Hinweise auf den Zweck des Tests, die Benutzerfreundlichkeit und nicht die Person zu testen, kaum. Ein weiterer zu beobachtender Effekt ist das Bedürfnis nach sozialer Erwünschtheit. Durch dieses Bedürfnis geleitet geben Testpersonen Antworten, von denen sie glauben, damit auf Zustimmung zu treffen, aus Angst vor sozialer Ablehnung. Der Druck, der durch diesen Effekt der sozialen Erwünschtheit entsteht,

---

[35] Vgl. Heinsen & Vogt (2003), S. 206 ff[ ].
[36] Vgl. Manhartsberger & Musil (2002), S. 322[ ].
[37] Vgl. Heinsen & Vogt (2003), S. 188 f[ ].
[38] Vgl. ebd., S. 195[ ].

verstärkt die Stresssituation für die Testperson. Erschwerend wirken sich ebenfalls der Aufbau und die technische Ausstattung des Usability-Labors aus. Daher sollte größter Wert darauf gelegt werden, beim Benutzer eine Vertrauensbasis zu schaffen, unter anderem durch einen freundlichen Empfang, das Anbieten von Getränken und Erfrischungen sowie eine unauffällige Montage der technischen Ausstattung.[39]

4.1.1.3 Aufgabenstellung

Die Aufgaben, die den Testpersonen gestellt werden, sollten typische Aufgaben sein, die viele Nutzer mit hoher Wahrscheinlichkeit oft durchführen werden. Die Aufgaben werden möglichst exakt beschrieben, so dass Unklarheiten vermieden werden können. Um eine Vergleichbarkeit der Ergebnisse sicherzustellen, sind die Aufgaben so zu stellen, dass die Tester, sofern sie es schaffen, alle die gleichen Schritte zur Lösung der Aufgabe durchlaufen. Damit eine bestmögliche Vorbereitung des Interviewers erfolgen kann, sind im Vorfeld alle möglichen Situationen zu durchlaufen. Um direkt zu Beginn den Testpersonen die Anspannung zu nehmen, sollte die erste Frage unproblematisch zu lösen sein.[40]

4.1.1.4 Durchführung

Die Durchführung des Tests findet im Usability-Labor statt. Der Interviewer und der Beobachter protokollieren den Ablauf und die Ereignisse. Die Videoaufzeichnungen dienen vor allem als Sicherheitskopie und der Präsentation.[41] Während die Testperson versucht, die vordefinierten Aufgaben zu lösen, wird häufig die Methode des „Thinking Aloud" angewendet. Die Testperson wird also aufgefordert, ihre Gedanken, Gefühle und Eindrücke zu beschreiben. Durch diese Methode kann leicht und kostengünstig ein besseres Verständnis des mentalen Modells des Benutzers, dessen Umgang mit dem Produkt sowie der verwendeten Terminologie erlangt werden. Da diese Methode nicht mit allen Testpersonen ohne Probleme funktioniert, ist die Anwesenheit des Interviewers notwendig. Dieser versucht durch Rückfragen die Testperson zu weiteren Äußerungen zu animieren.[42]

---

[39] Vgl. Manhartsberger & Musil (2002), S. 321 f[ ].
[40] Vgl. ebd., S. 324[ ].
[41] Vgl. ebd., S. 325 f[ ].
[42] Vgl. Hunkirchen (2005), passim[ ].

4.1.1.5 Analyse der Testergebnisse

Nachdem alle Tests einer Testreihe durchgeführt worden sind, führen Interviewer und Beobachter eine Analysesitzung durch. Hier werden die identifizierten Usability-Probleme nach Auswirkungen und Korrekturaufwand gewichtet. Diese Aufstellung dient als Entscheidungshilfe in Bezug auf Priorisierung und weiteres Vorgehen. Als Nebeneffekte treten oftmals Ergebnisse, welche die Brauchbarkeit einer Seite betreffen, auf, so zum Beispiel Aussagen über verzichtbare Funktionen. Die gewonnenen Erkenntnisse tragen zur Entscheidung über das weitere Vorgehen bei und unterstützen zukünftige Entscheidungsfindungen.[43]

4.1.2 Discount Usability Testing

Usability Tests können in verschiedenen Ausprägungen durchgeführt werden. Neben dem traditionellen, aufwändigen Verfahren können auch vereinfachte Varianten umgesetzt werden. Das Discount Usability Testing beinhaltet zum Beispiel die Methode des „Simplified Thinking Aloud". Diese vereinfachte Analyse verzichtet auf die Videodokumentation des Tests. Der Test wird ausschließlich durch schriftliche Notizen der beobachtenden Person und anschließende Befragung der Testperson dokumentiert. Durch den geringen Aufwand beim Testen kann diese Methode iterativ während der Entwicklungsphase eingesetzt werden.[44]

4.1.3 Eyetracking

Eyetracking ist ein Verfahren, mit dem der Blickverlauf einer Testperson beim Betrachten einer Website registriert und festgehalten werden kann. Mit Hilfe von Kameras, die direkt auf die Pupille des Auges gerichtet sind, werden deren Bewegungen aufgezeichnet. So kann gemessen werden, in welcher Reihenfolge und wie lange eine Testperson bestimmte Bereiche einer Website betrachtet.[45] Eyetracking bietet einige Vorteile. Es besteht die Möglichkeit zu erkennen, ob Testpersonen die Bildschirmtexte tatsächlich lesen oder sie lediglich überfliegen. Außerdem bieten Augenkameras die Möglichkeit, Rückschlüsse auf das Suchverhalten und die Verteilung der Aufmerksamkeit der Testperson zu gewinnen. Weiterhin kann der Effekt der sozialen

---

[43] Vgl. Manhartsberger & Musil (2002), S. 328[ ].
[44] Vgl. Bartel (2005), S. 50 f[ ].
[45] Vgl. Rampl (2007c), passim[ ].

Erwünschtheit in dieser Methode weitestgehend ausgeschlossen werden. Neben den Vorteilen sind jedoch auch klare Grenzen dieser Methode festzustellen. Durch Eyetracking kann nicht festgestellt werden, was der Benutzer tatsächlich wahrgenommen hat, da die Wahrnehmung einen kognitiven Prozess darstellt, der durch die Analyse der Pupillenbewegung allein nicht ermittelt werden kann. Genauso wenig ist es möglich, Aussagen darüber zu treffen, was die Testperson nicht gesehen hat, da das Auge auch Informationen aus dem peripheren Blickfeld aufnehmen kann. Darüber hinaus bietet Eyetracking keinerlei Möglichkeiten, Rückschlüsse auf die Motivation der Testperson, bestimmte Bildbereiche zu betrachten oder länger zu verweilen, zu ziehen. Im Übrigen stellt Eyetracking eine äußerst kostenintensive Methode dar.[46]

4.1.4 Fragebogen

Der Einsatz von Fragebögen ist für die Bewertung eines interaktiven Systems nicht geeignet. So kann ein Benutzer nicht, während er auf die Lösung der gestellten Aufgabe konzentriert ist, seine Handlungen darüber hinaus zusätzlich beobachten und bewerten. Außerdem ist bei der Verwendung von Fragebögen der Effekt der sozialen Erwünschtheit außerordentlich ausgeprägt. Dies führt dazu, dass die Bewertungen zu gut ausfallen, und so die Aussagekraft des Fragebogens sinkt.[47]

4.1.5 Logfile-Analyse

Durch Logfile-Analysen kann die Nutzung einer Website nach deren Fertigstellung aufgezeichnet und ausgewertet werden. In den Logfiles werden alle Aktivitäten der Benutzer gespeichert und können im Nachhinein mit geeigneten Auswertungsprogrammen statistisch untersucht werden.[48] Logfile-Analysen können unter anderem über folgende Aspekte Aufschluss verleihen:

- Anzahl Zugriffe, Seitenabrufe, Besuche

- Übersicht der besuchten Seiten nach Zugriffshäufigkeit

- Zeiten, an denen die Seite besucht worden ist

---

[46] Vgl. Harms et al. (o.J.b), passim[ ].
[47] Vgl. Manhartsberger & Musil (2002), S. 330 f[ ].
[48] Vgl. Hümmer (2006), passim[ ].

- Fehlerstatistik

- Übertragungsvolumen

- Ein- und Ausstiegsseite

- Weg, den der Benutzer durch die Seite genommen hat

Da die Logfile-Analyse ein sehr schnelles und preiswertes Verfahren darstellt, ist sie ein wesentlicher Bestandteil der Usability-Überprüfung.[49] Trotzdem kann auch diese Methode keinerlei Informationen über die Motivation und das Anliegen des Nutzers geben.[50]

4.2 Expertenzentrierte Methoden

Expertenzentrierte Methoden sind Usability-Tests, die ohne die Beteiligung von Endnutzern durchgeführt werden. In den meisten Ansätzen beurteilen Usability-Experten, so genannte Evaluatoren, das System mittels Heuristiken. Bei den Heuristiken handelt es sich um allgemein anerkannte Gestaltungsrichtlinien, die Anforderungen an gebrauchstaugliche Benutzerschnittstellen definieren und die sich im Detaillierungsgrad und Umfang stark unterscheiden. Die geeignete Teilmenge aus den zahlreichen Heuristiken ist für jede Methode und jedes Projekt verschieden und individuell festzulegen. Außerdem ist eine Detaillierung der Heuristiken im Vorfeld einer Untersuchung vorzunehmen, damit diese optimal auf den spezifischen Einsatzzweck ausgerichtet sind. Die Anzahl der benötigten Evaluatoren hängt, genau wie bei den benutzerorientierten Methoden, vom gewünschten Ergebnis ab. Die optimale Anzahl, bezogen auf die Kosten-Nutzen-Betrachtung, liegt zwischen drei und fünf Evaluatoren. Im Rahmen der expertenzentrierten Methoden existieren verschiedene Ansätze, die im Folgenden vorgestellt werden.

4.2.1 Heuristische Evaluation

Ziel der heuristischen Evaluation ist das Erreichen von Effizienz bei der Begutachtung von Websites. Daher finden hier Nutzercharakteristika oder Aufgaben keine ausdrückliche Berücksichtigung. In einem ersten Schritt verschaffen sich die

---

[49] Vgl. Heinsen & Vogt (2003), S. 242 f[ ].
[50] Vgl. Hümmer (2006), passim[ ].

Evaluatoren einen generellen Überblick über das System. Im nächsten Durchgang stehen spezielle Interaktionselemente im Mittelpunkt der Beurteilung. In beiden Durchgängen werden auf Basis der Heuristiken Verstöße gegen diese Prinzipien aufgedeckt und als potentielle Nutzerprobleme dokumentiert. Anschließend werden die Ergebnisse im Team mit allen Evaluatoren zusammengetragen und aufgrund ihrer Häufigkeit und Auswirkungen beurteilt. Der Vorteil der heuristischen Evaluation liegt in ihrer Einfachheit und Schnelligkeit. So kann in kürzester Zeit ein großer Teil der Nutzungsprobleme identifiziert werden. Problematisch ist dieses Vorgehen bei umfangreichen Systemen, da, durch das nicht aufgabenorientierte Vorgehen, die Betrachtung aller relevanten Bereiche kaum abgedeckt werden kann. Außerdem werden aus dieser Methode keine direkten Gestaltungsvorschläge abgeleitet, was jedoch meist den Mehrwert für den Auftraggeber darstellt. Aus diesen Gründen eignet sich der Einsatz der heuristischen Evaluation insbesondere während früher Entwicklungs- und Designstadien, bei denen die Ergebnisse hauptsächlich an das Entwicklerteam zurückfließen.[51]

4.2.2 Heuristischer Walkthrough

Der heuristische Walkthrough erweitert die heuristische Evaluation um die Einbeziehung der Nutzereigenschaften, ein aufgabenbasiertes Vorgehen und das Ableiten von Gestaltungsempfehlungen. Diese Erweiterung zeigt sich insbesondere in der ersten Phase, in welcher der Untersuchungsgegenstand festgelegt wird. Zentrale Aspekte sind hierbei die Definition der Nutzergruppe, das Festsetzen der zu bearbeitenden Aufgaben und die Spezifikation des Umfangs der Evaluation. Nach Auswahl der Evaluatoren und der Festlegung der verwendeten Heuristiken, erfolgt die Durchführung der Beobachtung. Hierbei werden die vorher definierten Aufgabenstellungen untersucht. Anschließend erfolgt die Konsolidierung der Ergebnisse und die Erarbeitung von Gestaltungsvorschlägen. Die Beobachtungen können einerseits unmittelbar umsetzbare Verbesserungsvorschläge enthalten, andererseits ist bei vielen Problemen diese einfache Ableitung nicht möglich. In diesen Fällen werden in Workshops, an denen die Evaluatoren und das Entwicklerteam teilnehmen, Lösungen erarbeitet, bei denen die Erfahrung der Evaluatoren einen signifikanten Stellenwert einnimmt. Der heuristische Walkthrough ist ein sehr aufwändiges Verfahren, das jedoch die Nach-

---

[51] Vgl. Heinsen & Vogt (2003), S. 116 ff[ ].

teile der heuristischen Evaluation beseitigt, und so das Erlangen von umfassenden und detaillierten Testergebnissen ermöglicht.[52]

4.2.3 Guidelines und Checklisten

Das Vorgehen bei Usability-Tests mittels Guidelines und Checklisten entspricht dem der heuristischen Evaluation. Jedoch werden in diesem Verfahren Guidelines und Checklisten an Stelle der Heuristiken eingesetzt. Diese unterscheiden sich ebenfalls in Umfang und Detaillierungsgrad, allerdings enthalten sie vorgegebene Antwortmöglichkeiten, welche durch Noten- oder Zahlenschemata bewertet werden. Diese Methode ist äußerst schnell durchzuführen, da eine Auswertung computergestützt erfolgen kann. Da die Ergebnisse lediglich Zahlenwerte enthalten, ist diese Methode insbesondere zum Vergleich ähnlicher Websites geeignet.[53]

4.3 Kombiniertes Verfahren

Die nutzerorientierten und expertenzentrierten Methoden zur Evaluation der Usability einer Web-Anwendung haben jeweils Vor- und Nachteile. Endbenutzer besitzen im Normalfall kein Expertenwissen, wodurch das Erkennen der Potentiale einer Anwendung und die Einstufung des Stellenwertes der Schwächen nicht angemessen vorgenommen werden können. Evaluatoren hingegen sind meist nicht die Endbenutzer, wodurch sie die Rolle eines solchen lediglich imitieren können. Um diese Nachteile zu beseitigen ist die Kombination beider Verfahren notwendig.[54] In frühen Phasen der Entwicklung, also bei Prototypen oder Designentwürfen, ist der Einsatz von Evaluatoren sinnvoll. Die fertiggestellte Web-Anwendung hingegen sollte immer mit echten Endbenutzern getestet werden. Durch diese Kombination kann eine umfangreiche Evaluation der Web-Usability sichergestellt werden, die eine gebrauchstaugliche Web-Anwendung initiiert.[55]

---

[52] Vgl. Heinsen & Vogt (2003), S. 120 ff[ ].
[53] Vgl. Harms et al. (o.J.c), passim[ ].
[54] Vgl. Harms et al. (o.J.d), passim[ ].
[55] Vgl. Heinsen & Vogt (2003), S. 117[ ].

5   Auswirkungen schlechter Web-Usability

Usability ist ein entscheidender Faktor für den Erfolg einer Web-Anwendung. Werden bereits während der Entwicklung Usability-Tests durchgeführt, können Risiken frühzeitig erkannt und verhindert werden. In Abbildung 6 sind die Auswirkungen zu erkennen, die bei fehlender Evaluation der Usability im Entwicklungsprozess auftreten. So fallen Mängel einer Web-Anwendung hier erst bei der tatsächlichen Nutzung durch den Endverbraucher auf. Korrekturen, die nun am System vorgenommen werden müssen, sind erheblich zeit- und kostenintensiver, als sie es in der Entwicklungs- oder gar in der Designphase gewesen wären. Weiterhin benötigt ein Entwicklungsprozess ohne Usability Evaluation auch in einem anderen Zusammenhang mehr Zeit. Entsteht im Entwicklungsprozess Zeitdruck, werden nach wie vor alle vorgegebenen Funktionalitäten implementiert. Haben im Vorfeld jedoch Usability-Tests stattgefunden, können Eigenschaften identifiziert werden, die für den Benutzer weniger wichtig sind. Diese können dann aufgrund ihrer niedrigen Priorität erst zu einem späteren Zeitpunkt umgesetzt werden, ohne zeitaufwändige Diskussionen in einen langwierigen Entscheidungsprozess einzubinden. Umsatzverluste werden insbesondere im Bereich des E-Commerce durch eine schlechte Usability begünstigt. So finden Kunden aufgrund nicht erkannter Hindernisse ein bestimmtes Produkt nicht und wechseln zu Wettbewerbern. Werden diese Hindernisse beseitigt, führt dies zu deutlich höheren Verkaufsraten. Außerdem wird durch fehlende Benutzertests das Einbringen neuer, innovativer Ideen durch die Nutzer verhindert. Diese können jedoch die Erfolgs- und Akzeptanzchancen einer Web-Anwendung erheblich steigern.[56]

In Anlehnung an Heinsen & Vogt (2003), S. 8[ ].

Abbildung 6: Auswirkung einer schlechten Usability

---

[56] Vgl. Heinsen & Vogt (2003)., S. 8 ff[ ].

6 Fazit und Ausblick

Es gibt zahlreiche Projekte, die sich mit der Entwicklung von Web-Anwendungen beschäftigen. Die Fehler, die hierbei begangen werden, sind meistens die gleichen. Durch das Beachten der grundlegenden Usability Kriterien und deren Evaluation könnte ein Großteil der Fehler beseitigt werden. Leider werden gerade diese Richtlinien oft außer Acht gelassen, oder bewusst, aufgrund von Zeit- und Kostenengpässen, ignoriert. Wie in dieser Hausarbeit gezeigt wurde, ist dies jedoch der falsche Weg. Durch das Beachten der Usability Richtlinien sowie die Anwendung der Tests können sogar Ersparnisse bezüglich Zeit und Kosten erreicht werden.

Die Bedürfnisse des Kunden sind in den Mittelpunkt der Entwicklung zu stellen. Dies kann unter anderem durch die Umsetzung der aufgezeigten Usability Komponenten geschehen. Zusätzlich müssen jedoch kombinierte Usability-Tests, die sowohl Usability-Experten als auch Benutzer in den Prozess des Usability-Engineerings einbeziehen, durchgeführt werden. Nur so kann eine kostengünstige und zeitsparende Entwicklung von Web-Anwendungen, sowie eine ausgeprägte Akzeptanz der Benutzer sichergestellt werden, die eine langfristige Nutzung zur Folge hat.

Das World Wide Web wird sich in Zukunft weiter verändern. Die Usability-Prinzipien für Web-Anwendungen besitzen jedoch langfristigen Charakter. Bei Veränderungen von Web-Anwendungen, zum Beispiel bezüglich Implementation oder Design, gilt dennoch weiterhin die Mehrheit aller Usability-Richtlinien. Insbesondere die Methoden zur Evaluation sind weitestgehend unabhängig von einer veränderten Entwicklung. In jedem zukünftigen Szenario wird die Notwendigkeit bestehen, benutzerfreundliche und gebrauchstaugliche Anwendungen zu entwickeln. Dies kann nur durch die Einbeziehung von Endanwendern und Experten auf diesem Gebiet realisiert werden. Für neue Informationsanwendungen, zum Beispiel Web TV und Mobile-Commerce, müssen die bestehenden Usability Richtlinien überarbeitet werden, um so auf die geänderten Bedürfnisse reagieren, und auch hier langfristig Akzeptanz, Umsatz und Erfolg erzielen zu können.

A Literaturverzeichnis

Literatur

[1] BARTEL, TORSTEN: *Die Verbesserung der Usability von WebSites: Auf der Basis von WebStyleguides, Usability Testing und Logfile–Analysen.* WiKu–Verlag, Stuttgart, 2., aktualisierte Auflage , 2005.

[2] DENIC EG: *Domainentwicklung.* `http://www.denic.de/de/domains/` `statistiken/domainentwicklung/index.html`, 2008.

[3] GEIS, THOMAS: *Willkommen im Usability Begriffszoo: Fit für Usability: eine Online–Initiative des Frauenhofer Instituts FIT.* `http://www.` `fit-fuer-usability.de/1x1/basics/begriffszoo.html`, 2005.

[4] HARMS, ILSE; SCHWEIBENZ, WERNER; EITEL HENRIK UND CARSTEN SCHMITT: *Arbeitsbereich Usability Engineering: Werkzeuge, Usability– Labor.* `http://usability.is.uni-sb.de/index.php`, o.J.a.

[5] HARMS, ILSE; SCHWEIBENZ, WERNER; EITEL HENRIK UND CARSTEN SCHMITT: *Arbeitsbereich Usability Engineering: Methoden und Verfahren Eyetracking.* `http://usability.is.uni-sb.de/methoden/eyetracking.` `php`, o.J.b.

[6] HARMS, ILSE; SCHWEIBENZ, WERNER; EITEL HENRIK UND CARSTEN SCHMITT: *Arbeitsbereich Usability Engineering: Methoden und Verfahren Kombiniertes Verfahren.* `http://usability.is.uni-sb.de/methoden/` `kombi_verfahren.php`, o.J.c.

[7] HARMS, ILSE; SCHWEIBENZ, WERNER UND JOHANNES STROBEL: *Arbeitsbereich Usability Engineering: Methoden und Verfahren Die Expertenzentrierten Methoden.* `http://usability.is.uni-sb.de/methoden/experten_` `methoden.php`, o.J.d.

[8] HEINDL, EDUARD: *Basis–Architekturen für Web–Anwendungen.* `http://www.heindl.de/eduard-heindl/basisarchitektur.ppt#290`, 11,Zusammenfassung, 2003.

[9] HEINSEN, SVEN UND PETRA VOGT: *Usability praktisch umsetzen: Handbuch für Software, Web, Mobile Devices und andere interaktive Produkte.* Carl Hanser Verlag, München, 2003.

[10] HÜMMER, MARC: *Spuren lesen: Logfile Analyse.* http://www. fit-fuer-usability.de/1x1/messen/logging.html, 2006.

[11] HUNKIRCHEN, PETER: *Bitte laut denken: "Thinking Aloud".* http://www. fit-fuer-usability.de/1x1/messen/thinking.html, 2005.

[12] ISC: *Internet Domain Survey, Jan 2008: Number of Hosts advertised in the DNS.* http://www.isc.org/index.pl?/ops/ds/, 2008.

[13] KAPPEL, GERTI; PRÖLL, BIRGIT; REICH SIEGFRIED UND WERNER RET-SCHITZEGGER: *Web engineering: Systematische Entwicklung von Web–Anwendungen.* dpunkt–Verlag, Heidelberg, 1. Auflage , 2003.

[14] KULP, ILSE: *Software–Engineering.* http://spider.rz.fh-augsburg. de/informatik/vorlesungen/swe/skripte/Vorlesung_20051213.pdf, 14.12.2005.

[15] LANGNER, TORSTEN: *Web–basierte Anwendungsentwicklung: Die wichtigsten Technologien für Webapplikationen im Überblick.* Elsevier Spektrum Akademischer Verlag, München, 1. Auflage , 2004.

[16] LANGNER, TORSTEN UND DANIEL REIBERG: *Grundlage von J2EE: die 4–Tier–Architektur.* http://files.hanser.de/hanser/docs/20051107_2511715449-59_3-446-40508-9_Kap01.pdf, 04.11.2005.

[17] MANHARTSBERGER, MARTINA UND SABINE MUSIL: *Web usability: Das Prinzip des Vertrauens.* Galileo Design. Galileo Press, Bonn, 1. Auflage , 2002.

[18] NIELSEN, JAKOB: *Designing Web Usability: Erfolg des Einfachen.* Digital studio pro. Markt + Technik–Verlag, München, Nachdruck , 2001.

[19] RAMPL, HANSJÖRG: *Handbuch Usability: Motivation und Potential.* http://www.handbuch-usability.de/motivation-und-potential.html, 2007a.

[20] RAMPL, HANSJÖRG: *Handbuch Usability: Definition Usability.* http://www. handbuch-usability.de/begriffsdefinition.html, 2007b.

[21] RAMPL, HANSJÖRG: *Handbuch Usability: Eyetracking.* http://www. handbuch-usability.de/eyetracking.html, 2007c.

[22] RESEARCH, FORRESTER: *Audience Loyalty.* http://www.webreference.com/ new/990125.html#survey, 1999.

[23] TCHOUKIO, GAEL: *Aufbau einer Web-Anwendung: (JSP o. ASP o. PHP).* http://www4.informatik.uni-erlangen.de/Lehre/SS04/PS_KVBK/ talks/Handout-Webanwendung-2.pdf, 12.07.2004.